RÉVEILLE-TOI.

ÉPITRE AUX ANARCHISTES ET AUX DÉTRACTEURS DE 1830.

PAR

H. LE GUERN,
(DU MORBIHAN),
Membre de plusieurs Sociétés savantes.

Ouvrage faisant partie des Publications de l'Athénée étranger des Sciences religieuses.

PARIS,
LIBRAIRIE DE DELAUNAY,
ET CHEZ LES PRINCIPAUX LIBRAIRES.

1836.

RÉVEILLE-TOI.

ÉPITRE AUX ANARCHISTES ET AUX DÉTRACTEURS DE 1830.

> Mais comment veulent-ils que la France montre avec orgueil les cicatrices dont l'ennemi a couvert son front ?
> Qui pourra discerner le fer étranger du fer parricide ?

PAR

H. LE GUERN,

(DU MORBIHAN),

Membre de plusieurs Sociétés savantes.

PARIS,

LIBRAIRIE DE DELAUNAY,

ET CHEZ LES PRINCIPAUX LIBRAIRES.

1836.

Péronne. — Imp. de C. Deprez.

Réveille-toi.

ÉPITRE
AUX ANARCHISTES

ET

> Mais comment veulent-ils que la France montre avec orgueil les cicatrices dont l'ennemi a couvert son front ?
> Qui pourra discerner le fer étranger du fer parricide ?

I.

1 Réveille-toi, repens-toi et lève-toi.

2 Retire-toi d'entre les hommes endormis, et Dieu éclairera ta marche dans le chemin de la Liberté.

3 Fils de la Lumière, réveille-toi.

4 Sors du repaire où les faux prêtres de l'Égalité, les corrupteurs de la morale publique, les intrigants, les débauchés, les calomniateurs, les athées et les hommes perdus de dettes ont attiré ton inexpérience politique, pour la fanatiser à leur profit.

5 Qui que tu sois, jeune ou vieux, écoute-moi;

6 Prête l'oreille aux paroles inspirées d'un de tes Frères, afin qu'il soit écrit dans le Livre de Vie que tu as pleuré tes faiblesses et tes égarements.

7 Qu'ayant étendu la main sur une Table entourée d'institutions régicides et sataniques, le maître des mondes a détourné cette main criminelle pour la purifier de toute souillure.

8 Et qu'alors, ton être, qui se serrait dans les angoisses d'une mort prochaine, s'est rouvert à l'Espérance;

9 Et que tes membres engourdis ont retrouvé une nouvelle vigueur;

10 Et que tes entrailles ont tressailli d'allégresse;

11 Et que ton ame s'est détournée avec hor-

reur du sentier brûlant qui pénètre jusque dans les profondeurs immensurables du Mal ;

12 Et que l'Eternel t'a rangé sous sa droite.

13 Écoute-moi, car je parlerai de grandes choses.

14 Car mes lèvres ne s'ouvriront pas pour appeler Liberté un état permanent de révolte et d'anarchie ;

15 Car j'honorerai sans restriction aucune le Savant qui agrandit le cercle de l'intelligence et l'Artiste qui parle au cœur.

16 Car je me prosternerai avec amour devant l'Industrie qui donne la Force, et j'exalterai les prodiges innombrables qu'elle déploie sous nos yeux.

II.

17 Hommes et Frères :

18 Lorsque les Triomphateurs firent une
halte forcée à l'aspect imprévu du terrible incendie qui s'éleva comme un holocauste offert
au Dieu de la Russie,

19 Et que tous les revers eurent succédé
aux entreprises du géant qui voulait soulever,

comme un poids énorme, l'immense héritage des Czars, pour le jeter tout à fait en Asie,

20 La Victoire, fatiguée de conquêtes, brisa son sceptre sanglant et ses aigles dorées dans les neiges de Moscou la Sainte ([1]).

21 Nous vîmes sa tête encore surchargée de diadêmes étincelants de pierreries, s'incliner devant la douleur nationale, et, par ce seul fait, rendre hommage, d'une manière explicite, à un principe immuable de haute philosophie : — la Loi du Progrès.

22 C'est-a-dire,

23 L'affaiblissement de la politique du moyen-âge ;

24 Le développement *indéfini* de la société envisagée sous ses aspects moraux, physiques et intellectuels ;

25 La décadence de l'état militaire, avant tout ([2]), au profit de l'avenir.

26 Waterloo vint prouver, à son tour, l'authenticité de cette Loi d'ordre.

27 Nos soldats succombant sous le glaive de l'étranger, avertirent la France, par leur héroïque silence, d'être avare du sang de ses illustres défenseurs ;

28 Et les amis sincères de l'humanité reconnurent tous que le règne de la force brutale allait s'écroulant de plus en plus.

29 Vainement quelques années de restauration, de despotisme, dis-je, s'écoulèrent ensuite ;

30 Les Opprimés en comptaient chaque minute avec impatience.

31 Tout-à-coup, la voix populaire annonce au vieux descendant des Rois, sa chûte, son exil.

32 De même qu'un ressort, comprimé dans de faibles doigts, se détend inévitablement, ainsi la grande commotion de 1830 écarte au loin ses adversaires.

33 Elle surgit glorieusement de ses entraves, pour, devant une imposante Majorité, se placer au premier rang des nations libres.

34 Je dis *devant une imposante Majorité*, parce qu'il est juste de flétrir à tout jamais la mémoire de certains politiques ([5]) qui, ayant conspiré contre la Charte de 1830, contre l'Élu de la France et opposé leurs monstrueuses utopies à l'ascendance notoire des esprits, osent s'étayer de l'assentiment français!....

35 Savoir en imposer et ne savoir pas rougir!... ce sont là des scandales inouis!!

36 Infamie! ils ont voulu, s'enfonçant dans les voies illégales de l'agitation, braver la verge et celui qui la dirige!

37 Cet évident désordre est un mal sans compensation; il ne saurait durer.

38 Étudiant les phases importantes de l'histoire gouvernementale, il y a cette remarque à faire, qu'un ministère tant soit peu jaloux de ses prérogatives, mit toujours son honneur à réprimer les moindres tentatives de la rébellion.

III.

39 Assez et trop long-temps, les agitateurs ont attaqué les droits inviolables et sacrés de la Propriété, — compromis le sort de la classe industrielle, — et troublé le repos des citoyens, amis de l'ordre, sujets des lois qui régissent notre belle patrie.

40 Et d'abord, pour m'exprimer en fidèle historien, voyez :

41 A gauche, dans l'ombre, gît, sur un autel abandonné, l'idole de l'Arbitraire et de la Terreur : — le cadavre hideux du Passé.

42 A droite, au grand jour, se montre une déesse qu'on nomme Liberté.

43 Emportée sur les aîles du Progrès, la Liberté plane sur les empires ;

44 Elle commande aux Opprimés le devoir impérieux de l'insurrection :

45 En avant! en avant!! s'écrie l'Immortelle.

46 A cet appel électrique, les Opprimés répondent par un élan d'enthousiasme.

47 De par Dieu, ils se constituent révolutionnaires.

48 Et les faux prêtres de l'Égalité, et les corrupteurs de la morale publique, et les intrigants, et les débauchés, et les calomniateurs, et les athées, et les hommes perdus de dettes demeurent consternés.

49 Du sein des ténèbres se fait entendre, par intervalles, un bruit sourd et prolongé, semblable au mugissement d'une mer houleuse :

50 Mais que peuvent les vagues, dans leur violence, contre un rocher inébranlable ?

51 Elles se brisent et s'élancent vers les nues en flocons d'écume que disperse à son gré la puissance des vents.

52 C'est ainsi, hommes déchus, qu'il en sera de vos protestations séditieuses et de vos plus grandes trames.

53 Si la France a commencé par vous donner un avertissement solennel, sachez qu'elle finira par imposer silence à vos murmures blasphématoires.

54 La Providence qui se déclare sans cesse contre les agresseurs, ne vous livrera point la fortune publique à discrétion.

IV.

55 Les marques du Tems sont visibles.

56 De son regard formidable, le Tems bouleverse, il réduit tout en poussière.

57 Mais il y a cette restriction heureuse que la Vertu et l'Honneur (4) traversant les siècles, font graviter les générations vers leur Avenir pacifique.

58 Or, l'Avenir, c'est toujours la Liberté.

59 Mais la Liberté apparaît si radieuse, que

les fourbes la décrient de toutes façons, voulant qu'on l'arrête dans sa mission régénératrice.

60 En présence de cette conjuration, il faut monter sur les toits et parler au Peuple industriel avec conscience et vérité.

61 Il faut lui dévoiler entièrement les tentatives odieuses des ennemis de son repos.

62 Lui déclarer, à ce Peuple trop confiant et trop facile à s'émouvoir, que, dans l'intérêt de sa dignité, chaque être du monde moral doit s'enquérir des faits que mille bouches impures lui dénaturent et lui parodient *à mauvaise intention.*

63 Qu'avant d'ajouter foi aux déclamations incendiaires de la Presse démocratique, il importe à cet être essentiellement libre de les avoir mûrement approfondies.

64 Et que toute institution ennemie de la Propriété, de l'Ordre et des Cultes ([5]), est, à coup sûr, *immorale.*

65 Tout cela,

66 Afin qu'il s'affranchisse immédiatement du joug de l'hypocrisie et des nombreux errements que les passions les plus viles cherchent à insinuer dans son cœur;

67 Afin surtout que les faux prêtres de l'Égalité, les corrupteurs de la morale publique, les intrigants, les débauchés, les calomniateurs, les athées et les hommes perdus de dettes, qui ont tous comblé la mesure des attentats possibles, ne puissent prolonger l'exercice de leur influence pernicieuse.

68 Il n'y a que le fanatisme de la Vérité (et plût à Dieu que nous l'entendissions tous ainsi!) qui ne soit point à craindre.

69 La Vérité, suivant un sage qui instruisait les hommes au nom du Seigneur, doit se promulguer de toutes parts.

70 Elle doit faire entendre sa voix dans les lieux publics;

71 Elle doit crier à la tête des assemblées *légales* du Peuple;

72 Elle doit faire retentir ses paroles majestueuses aux portes de la ville, et dire :

73 *O insensés! jusqu'à quand aimerez-vous l'enfance?*

74 La Vérité appelle tout le monde à soi;

75 Elle menace d'une ruine effroyable ceux qui la méprisent.

76 Hommes et Frères :

77 Les enseignements venus de la part du Ciel profitent à celui qui sait les comprendre.

78 Ils redonnent la Vie, la Santé, la Force et le Courage.

79 Ayez toujours ceci présent à la pensée :

80 L'ame des violateurs de la Charte est pleine d'iniquités.

81 La parfaite Égalité devant Dieu engendrera la parfaite Égalité devant les hommes, aussitôt que l'enthousiasme pour les Lois et le dévouement pour le Roi-citoyen auront pris racine dans vos cœurs.

V.

82 Bientôt, nous pouvons le prédire, la Religion et la Justice impérissables seront vengées.

83 Dès à présent les chaires du mensonge s'ébranlent, et les machinateurs et les sicaires sont expirants.

84 Dominateurs de la tourbe séditieuse :

85 Je vous vois tous dans les convulsions d'une affreuse agonie.

86 Tremblez! car le jour approche où l'homme va sortir des langes dont on enveloppe sa mâle beauté!

87 Savez-vous, sépulcres blanchis, que la Liberté est un mot plein d'éloquence et de persuasion?

88 Qu'il suffit de s'en convaincre, de s'en imprégner l'ame pour se régénérer suivant les préceptes formels du Créateur?

89 Savez-vous que la cendre chère et précieuse des combattants de Juillet, de ces grands citoyens, martyrs de Dieu, moissonnés presque tous dans la fleur de l'âge, peut inspirer de salutaires mesures?

90 Qu'il vaut mieux, quelquefois, être exécuteur que victime?

91 Que celui qui laisse ramper des serpents peut les foudroyer?

92 Eh bien! élevant vos intelligences au-delà de leur sphère commune et habituelle, songez au Présent, songez surtout au Passé :

93 Par vous, le mécontentement est universel!

94 Le Peuple souffre !

95 Ses vêtements, cent fois plus grossiers qu'un linceul de riche, ses vêtements d'homme sont en lambeaux !!.

96 Par vous, il est accablé de dégoûts !

97 Par vous, il s'est porté à des résolutions aussi désespérées que funestes !

98 Par vous, il s'est vu décimé par la misère et la faim !!...

99 Mais *vous avez triomphé !*

100 Car vous avez cru rendre stérile à jamais cette terre où le Père de la patrie sème à profusion !

101 Peuple infortuné ! son attitude est attendrissante !

102 Reculant devant l'idée sacrilége d'anéantir la Propriété, condition vitale de toute agglomération de familles et d'individus, il ne convoite, il ne désire, veux-je dire, que le maintien de sa Liberté, principe certain de toutes les améliorations qu'exige sa situation malheureuse :

103 Il espère !!...

104 Détournerez-vous constamment votre attention de ce vivant spectacle ?

105 Inhabiles à fermer ces plaies douloureuses et saignantes, faut-il donc les élargir, excités par je ne sais quelle rage et quelle dérision impie ?

106 Ne renoncerez-vous pas à vos cruelles tentatives, à cet affreux système de nivelage qui devrait couvrir encore la France de proscriptions, de terreur, de deuil et de lamentations secrètes ?

107 Peuple infortuné! ses mauvais génies l'ont abreuvé de tribulations !

108 Animé de l'esprit des Lois que ses mandataires ont votées par acclamation, — des hommes sans aveu ou flétris par la réprobation de leurs familles, des hommes redoutant tous l'autorité parce qu'elle ne peut être pour eux que réprimante et non protectrice, des aventuriers cherchent à le rendre infidèle au respect et à la vénération qu'il doit au Chef de son pays !

109 Parjure à ses devoirs, à son serment!

110 Et de tels êtres ne seraient pas traités d'ennemis jurés !

111 Et ils ne seraient pas considérés comme adversaires odieux, — sans principes arrêtés! sans honneur !

112 Et ils ne seraient pas traînés à la barre du tribunal Suprême !

113 Et ils ne seraient pas déclarés traîtres à la Loi !

114 Et les plus acharnés d'entre ces monstres implacables ne seraient pas plongés dans les cachots les plus obscurs !

115 Et ils ne seraient pas mis au secret le plus rigoureux !

116 Et ces maudits, la couronne sous les pieds, et le sceptre dans la main du bourreau, pourraient s'écrier avec un rire d'enfer :

117 « Génération du XIXme siècle :

118 « Dix mille d'entre tes fils seront com-« promis, ruinés ou sacrifiés pour le plus grand « succès de notre doctrine....

119 « Témoin de nos attentats journaliers, « sois impassible et muette ! ! ! »

120 Mais quelle témérité !

121 Mais quel état d'abjection ([6]) !

122 Les insensés ! réfutés avec la puissance d'exactitude que donne le bon sens, ils n'en resteront pas moins attachés à leurs conventions barbares !

123 Ils s'isoleront toujours du contrat social,

comme si se mettre ainsi au ban de la famille n'était pas acte honteux et infâme!

124 Hommes et Frères:

125 Lorsque l'endurcissement s'empare à ce point des mauvais citoyens, il n'y a, le plus souvent, qu'un remède: — c'est le tombeau.

126 Agissent les grandes leçons du Présent. La Nature fera le reste.

VI.

127 Auteurs du désordre et des calamités qui affligent la France, m'adressé-je à quelqu'un parmi vous plus particulièrement qu'aux autres?

128 C'est sans doute à toi, rhéteur forcené,

à toi, trompette meurtrière, qui t'imagines follement que cette apostrophe ne te regarde point !

129 J'ai une commission pour toi de la part du Peuple !

130 En son nom, je te somme encore de te sauver de sa colère future !

131 Réponds :

132 Quel est l'état de ton ame ?

133 Si l'Éternel te le demandait, serais-tu prêt pour le Jugement ?

134 Aimes-tu tes semblables de tout ton cœur, de toute ta pensée, de toute ta force ?

135 As-tu le témoignage inénarrable de Dieu au-dedans de toi-même ?

136 Mais pourrais-tu donc avouer ici une seule de tes actions ?

137 Tu t'es drapé le corps à l'antique.

138 Tu as porté avec affectation une chevelure hérissée et une barbe en désordre.

139 Tu as adopté une coiffure bizarre.

140 Tu as couvert ton visage d'un masque de circonstance, il est vrai.

141 Est-ce là tout ?

142 Et c'est ainsi affublé, imposteur, que

tu as promené ton audace et ta duplicité dans les carrefours !

143 Et parce que les enfants ont couru sur tes pas ;

144 Et parce que tu as entretenu par un exécrable système la stupide curiosité des prostituées de Babylone, ivres de scandales ;

145 Et parce que tu as érigé les régicides en *martyrs de la Liberté*, leur donnant ta bénédiction du pied de l'échafaud ;

146 Et parce que tu appelles cela *avoir de la nationalité :*

147 Tu prétends avoir acquis des titres à ta propre considération !

148 Mensonge et folie !!

149 Oh ! repens-toi, toi qui veux organiser la révolte contre toutes les Lois divines et humaines !

150 Abjure ouvertement ton hérésie, et le Peuple longanime te fera grâce !

151 Repens-toi ! repens-toi !!

152 Crie avec le navigateur entraîné et battu par les ouragans :

153 Que faut-il que je fasse pour être sauvé ?

154 Lève-toi sur le champ, jette ta robe

sur tes épaules, et cours laver ta conscience, de peur qu'à l'heure de Justice, toute une nation indignée ne te fasse boire à la coupe de sa fureur !. . . . .

. . . .

155 Hâte-toi, pauvre aveugle ! ou ses jugements qui grondent au loin vont fondre sur ta tête !.....

156 Mais quoi ! tu gardes le silence ?

157 Hélas ! l'empire de la mauvaise foi est tel qu'il familiarise même avec l'insensibilité....

158 Je vois que l'égoïsme s'est insinué jusque dans tes entrailles !!...

VII.

159 Vous les reconnaîtrez aux choses qu'ils projettent et à leur langage.

160 Ils veulent étouffer dans les jeunes esprits le sens précieux de la Justice ; et, sans modération dans leur lâche inimitié, détruire par le fer et le feu ceux de leurs concitoyens dont ils convoitent les emplois et les honneurs.

161 Ils souhaitent des richesses ([7]) et vivent dans la débauche et la paresse, s'imaginant pouvoir acquérir par les voies iniques de l'ambition la plus effrénée les récompenses dues au Travail et à la Vertu.

« Tenez-vous prêts, disent-ils, car les temps « approchent.

« En ce jour là, il y aura de grandes terreurs, « et des cris tels qu'on n'en a point entendu « depuis les jours du déluge.

« Les *Rois* hurleront sur leurs trônes; ils « chercheront à retenir avec les deux mains « leurs couronnes emportées par les vents, et « ils seront balayés avec elles.

« Les *riches* et les *puissants* sortiront nus de « leurs palais, de peur d'être ensevelis sous les « ruines.

« On les verra, errants sur les chemins, « demander aux passants quelques haillons « pour couvrir leur nudité, un peu de pain « noir pour apaiser leur faim, et je ne sais s'ils « l'obtiendront. »

162 Hommes et Frères :

163 Lequel d'entre-vous consentirait à se prêter aux insinuations de ces impudents ?

164 Peuple de 1830 !

165 Tu ne t'assembleras sur la place publique que pour y maudire le monarque inviolable qui t'a consacré tous les battements de son cœur, et pour y enfreindre les Lois augustes dont le maintien lui fut solennellement confié ([8]).

166 Tu diras :

167 Malédiction sur celui qui m'a préservé du désespoir et de l'anarchie !

168 Malédiction sur celui qui m'a empêché de me suicider !

169 Malédiction sur celui qui m'a poussé vers le Progrès industriel avec la vigueur et la persévérance du génie !

170 Malédiction ! malédiction !

171 Peuple de 1830 !

172 Tu n'éleveras la voix sur la place publique que pour y fronder les principaux agents du pouvoir ([9]).

173 Peuple de 1830 !

174 Tu seras l'écho passionné des injures que prodiguent à tout fonctionnaire public les journaux quotidiens de l'anarchie.

175 Peuple de 1830 !

176 Tu t'irriteras contre tout ce qui est considéré.

177 Peuple de 1830!

178 Tu consacreras le produit de tes sueurs à l'entretien et à l'extension de nos publications.

179 Peuple de 1830!

180 Tu préposeras tes enfants les plus fermes et les plus courageux à la garde de nos réunions secrètes.

181 Peuple de 1830!

182 Tu exposeras ta vie au premier signal de l'émeute, de l'incendie et du carnage.

183 Peuple de 1830!

184 Tu feras sans cesse résistance à la Loi.

185 Ainsi s'expriment les ennemis de Dieu.

186 Mais les fils de la création ne se prosterneront point devant ces abominables commandements.

187 Hommes et Frères :

188 Quiconque se laisse entraîner aux mauvais conseils et loue ses bras aux moteurs de la révolte, n'a plus rien de noble en lui.

189 Son cœur ne bat plus aux doux noms de la patrie et du foyer domestique.

190 Son cœur ne bat avec force qu'à la vue ou au souvenir de ceux dont il a juré la perte.

191 Jour et nuit le tigre se consume en projets horribles.

192 Son cœur desséché a soif;

193 Une soif ardente.

194 Tôt ou tard, il lui faudra un bain de sang.

195 Arrive le jour des réalités, jour dont la première heure amène un forfait, et la seconde l'échafaud ou la misère et les remords poignants.

VIII.

196 Plaignons ceux qui feignent de l'oublier :

197 Peuple et Monarchie sont termes inséparables ([10]).

198 La Majorité *légale*, — pouvoir indépendant de droit, — puissance qui se consacre en second lieu par l'incapacité ou par le manque

de foi reconnus des Ministres responsables, — la Majorité *légale* est la clef de toute civilisation possible.

199 La voix du Peuple, observateur scrupuleux de la Religion et de la Justice, est la voix sacrée des prophêtes de Dieu.

200 Tout ce qui émane de Dieu, retentit jusqu'aux extrémités de la terre, sans qu'il soit possible à qui que ce soit d'y rien changer.

201 Or, la volonté de Dieu ou du Peuple, est que nul ne puisse impunément porter atteinte à sa tranquillité.

202 Insistons sur cet axiôme, que les vœux de la Majorité actuelle sont purs comme la source féconde et intarissable d'où ils découlent.

203 Combien sa sagesse infaillible contraste avec la bassesse des ingrats qui déchirent son sein !

204 Qui, portant la parole, après avoir médité les forfaits, — applaudi aux entreprises salariées du brigandage et de la guerre civils ; — tordu l'éternelle Vérité pour en faire jaillir sur les pavés du royaume, le charlatanisme et la ruse, la défiance et la haine, l'émeute et le

sang, ne cessent de lasser la miséricorde nationale !

205 Sont-ce là les traitements affreux qu'une mère en deuil devrait recevoir de ses enfants ?

206 Mais comment veulent-ils que la France montre avec orgueil les cicatrices dont l'ennemi a couvert son front ?

207 Qui pourra discerner le fer étranger du fer parricide ?

208 Élites de la Nation, sages et savants ([11]) interprêtes des idées larges et patriotiques ; courageux apôtres de l'Evangile selon la Vérité, — de ce code immortel dont le langage pacifique parle aux Chefs et aux Peuples, de leurs devoirs réciproques ; antagonistes respectables des maux indescriptibles que la race des malfaiteurs suscite au Peuple, honneurs soient rendus à vos efforts persévérants !

209 Par vos soins infatigables, les vils dépréciateurs de l'Égalité devant les Lois seront réduits à l'impuissance.

210 Ils ne trouveront plus de partisans.

211 Ils ne soustrairont plus les destinées sociales à leur tendance de perfectibilité *progressive* et *indéfinie*.

212 Toutes leurs pensées sècheront, elles disparaîtront comme la goutte d'eau exposée aux rayons embrâsés du soleil.

213 Hommes et Frères :

214 Thalès exposant sa douleur à Pythagore, s'exprimait en ces termes :

215 Me faudra-t-il donc sortir de la vie avec regret de voir la tyrannie régner sur tout le globe?

216 A Corinthe, un tyran ;

217 A Samos, un tyran ;

218 A Memphis, un tyran;

219 A Milet, un tyran ;

220 Eh quoi! partout et toujours des despotes!

221 Qu'on me cite du moins, avant de fermer ma paupière, un Peuple, un seul Peuple libre, et je meurs content!

222 Hommes et Frères :

223 Ne demanderez-vous pas à la providence qu'elle conserve le trône de celui qui, doué d'un esprit et de vues supérieurs, a renversé la tyrannie et défendu tant de fois la Charte que des sacriléges s'efforcent de lacérer?

224 Souhaitons ensemble que l'arbre des ga-

ranties monarchiques étende de plus en plus ses longs rameaux, parés d'une verdure inaltérable, et que tous les citoyens puissent respirer le bonheur sous cet ombrage délicieux!

225 Prions avec ferveur, afin que le règne stable de la Liberté vienne incessamment agrandir le domaine de la Science, de l'Industrie et des Beaux Arts!

IX.

226 Pourquoi douter de ce qui adviendra?

227 L'attente continuelle des nations ne saurait être une chimère.

228 On ne doit, en aucun cas, désespérer du dogme consolateur qu'ont préconisé les philosophes.

229 Messie des malheureux, le Progrès s'est annoncé par la chaste voix de ses disciples, et la saine politique du Roi-citoyen consolide chacun de ses pas.

230 Le progrès va toujours croissant ([12]).

231 Même au milieu des ruines,

232 Même à la vue des désastres, des misères publiques, des conspirations flagrantes, des poignards et des balles meurtrières, teintes du sang de nos plus grands citoyens,

233 Le Progrès devient la foi robuste du Sage ([13]), pourvu que celui-ci examine, d'un œil attentif, tout ce qu'il y a d'ensemble et de force dans la construction de cette chaîne immense dont les anneaux indestructibles joignent le Passé au Présent.

234 Seule, livrée à ses maximes, la Monarchie de 1830 conçoit d'utiles projets et elle les accomplit tous par le concours de ses fidèles enfants aux mille bras et aux mille industries.

235 Ainsi le temple magnifique de la Liberté s'élève sans discontinuer ([14]);

236 Ses dimensions colossales surpassent à l'infini celle des plus somptueux monuments, parce que le chef de l'État en est l'architecte

intelligent par excellence, et qu'ayant choisi des bases solides, il ne laissera point inachevée son œuvre admirable.

237 Oui, possesseur de ce vaste univers, le Peuple est Dieu!

238 Soit que, sorti des merveilles de l'incompréhensible, travailleur infatigable, il couvre la terre de villes superbes liées entr'elles par des routes, des télégraphes, des canaux et des mers;

239 Soit qu'après de pénibles recherches ou de profondes méditations, il ait enfin résolu les problêmes qu'il poursuivait;

240 Soit que, préludant à la création par des torrens de délices, il ne meure jamais tout entier;

241 Soit que, législateur suprême, il élève sur le pavois le plus expérimenté de ses princes, — digne élève de la Providence, dont nous connaissons les sentiments et les pensées, — lui que nous vîmes autrefois exilé dans une terre étrangère, assis sur les rives d'un nouvel Euphrate et déplorant, comme l'Israëlite fidèle, les malheurs de sa patrie;

242 Il faut en faire l'aveu :

243 Tant d'actions s'opèrent en vertu des pouvoirs que le génie bienfaisant de l'Association *légale* lui a conférés.

X.

244 Cédant à mes convictions politiques et à mon désir invariable d'apporter quelque peu d'obstacles aux essais liberticides des exaltés qui prêchent encore l'insubordination, et tâchent de prolonger le malaise général, je ne cesserai de renouveler à chacun cette exhortation fraternelle et salutaire :

245 Réveille-toi, repens-toi et lève-toi.

246 Retire-toi d'entre les hommes endormis, et Dieu éclairera ta marche dans le chemin de la Liberté.

247 Fils de la Lumière, réveille-toi.

248 Sors du repaire où les faux prêtres de l'Égalité, les corrupteurs de la morale publique, les intrigants, les débauchés, les calomniateurs, les athées et les hommes perdus de dettes ont attiré ton inexpérience politique, pour la fanatiser à leur profit.

249 Qui que tu sois, jeune ou vieux, écoute-moi ;

250 Prête l'oreille aux paroles inspirées d'un de tes Frères, afin qu'il soit écrit dans le Livre de Vie que tu as pleuré tes faiblesses et tes égarements.

251 Qu'ayant étendu la main sur une Table entourée d'institutions régicides et sataniques, le maître des mondes a détourné cette main criminelle pour la purifier de toute souillure.

252 Et qu'alors, ton être, qui se serrait dans les angoisses d'une mort prochaine, s'est rouvert à l'Espérance ;

253 Et que tes membres engourdis ont retrouvé une nouvelle vigueur ;

254 Et que tes entrailles ont tressailli d'allégresse ;

255 Et que ton ame s'est détournée avec horreur du sentier brûlant qui pénètre jusque dans les profondeurs immensurables du Mal ;

256 Et que l'Éternel t'a rangé sous sa droite.

257 Écoute-moi, car je parle de grandes choses.

258 Car mes lèvres ne s'ouvrent pas pour appeler Liberté un état permanent de révolte et d'anarchie ;

259 Car j'honore, sans restriction aucune, le Savant qui agrandit le cercle de l'intelligence, et l'Artiste qui parle au cœur.

260 Car je me prosterne avec amour devant l'Industrie qui donne la Force, et j'exalte les prodiges innombrables qu'elle déploie sous nos yeux.

261 Et je m'exprimerai ainsi sans crainte.

262 A quoi servirait le don inappréciable de la pensée, si de coupables ménagements pouvaient la dompter ou l'étouffer ?

263 Ne pouvant point me complaire dans les imperfections du Présent, je veux au moins

dire, en ces jours de deuil, un Avenir qui est proche de nous.

264 Hommes et Frères, je le répète avec dessein :

265 Les prédictions de la philosophie s'accomplissent ostensiblement.

266 Déjà l'Espérance ([15]) agite sa torche, en nous invitant à marcher sur sa trace.

267 La Justice qu'on a répudiée dès le premier âge du monde, va gouverner seule, à son tour, pour exciter notre vive admiration jusqu'au dernier crépuscule qui luira sur les décombres de nos foyers domestiques.

268 Ces principes illégitimes et inconciliables, — ces menaces continuelles et ces provocations réitérées, — ces alarmes soudaines, — ces glaives toujours prêts à se croiser, — cette énergie inconcevable du crime, — toutes ces scènes tant déplorables vont s'anéantir devant la juste indignation des citoyens qui veulent fermement se rallier sous l'égide paternelle de la royauté constitutionnelle.

269 Jérusalem, Rome des Césars et Rome du monde Chrétien, seront éclipsées par des grandeurs plus parfaites et plus saintes.

270 Et Dieu se donnera à tous les hommes réveillés qui soupirent ardemment pour la clarté resplendissante de sa face.

271 Et ces hommes forts, le front ceint d'une couronne immortelle, s'écrieront avec le prophête Roi :

272 — « Retirez-vous, aquilons furieux ; dou-
« ces haleines du midi, soufflez sur nous. » —

273 Vierges de la nouvelle Sion, préparez vos cithares ;

274 Glorifiez, tout à l'heure, les défenseurs et les conservateurs de la Liberté.

275 Que vos sons harmonieux, s'unissant à la voix sublime du chant triomphal, excitent la France à se lever, la première, devant les fourbes agenouillés.

FIN.

NOTES.

(1) Les Russes appellent aussi leur patrie la Russie *Sainte*. *Swiataia Rouss*.

(2) La décadence de l'État militaire est devenue infaillible du moment que les arts libéraux ont pris naissance. L'idée de perfectibilité a été entrevue par Turgot, Vico, Kant, Condorcet et Herder; mais ces philosophes ont négligé de caractériser en quoi elle consistait. Il appartenait au 19me siècle de mieux apprécier ce fait intéressant pour l'humanité.

(3) Gens, dit un ancien, que l'on voit empressésà moucher la lampe, mais qui n'y mettent jamais d'huile.

(4) Les Romains avaient fait construire deux temples, l'un près de l'autre et disposés de manière qu'il fallait passer par celui de la Vertu pour arriver à celui de l'Honneur.

(5) Aujourd'hui que le fanatisme politique a remplacé le fanatisme religieux, on ne s'occupe guères de ce qui ne se démontre pas; mais on reconnaît généralement que l'Évangile règne sur les ames bien nées, et que les docteurs du mensonge, ou leurs idées rétrogrades, disparaîtront constamment devant les hautes moralités qui jaillissent de la chaire Chrétienne. Nous parlons de l'Évangile qui doit persuader, au lieu de contraindre; affranchir, au lieu de vaincre.

Examen de la rel., s. sim. 2e ed. p. 38 par L'AUTEUR.

(6) Quæ est ista tàm impudens, tàm crudelis, tàm immoderata inhumanitas? M. T. CICERONIS. *Oratio pro rege Dejotaro.*

(7) Ne croyez pas que la sagesse éternelle ait mis dans l'inégalité des fortunes une inégalité réelle de bonheur.

VAUVENARGUES.

(8) Il est des hommes qui, pour satisfaire leur haine et leur animosité personnelles, mettent en jeu les imputations les plus atroces et les noirceurs de toutes espèces. Décidés, n'importe par quels moyens, à parvenir à leurs fins, il ne tardent cependant pas à se contredire.

(9) Les fautes des hommes d'État ne sont pas toujours libres. Souvent, ce sont des suites nécessaires de la situation où l'on est; des inconvénients ont fait naître des inconvénients.

MONTESQUIEU.

(10) La plus ancienne république dont nous ayons connaissance, exista du temps de Thésée. De cette époque à l'origine du monde (pendant plus de trente siècles), on ne trouve établi parmi les hommes que le gouvernement d'un seul, soit sous le nom de *Patriarche*, comme chez les Hébreux et chez les Scythes; soit sous le nom de *Roi*, chez les autres nations. Il n'y eut même qu'une petite

partie de l'Europe qui adopta une nouvelle forme de gouvernement; le reste du monde entier n'en eût jamais l'idée. Cette ancienneté du gouvernement monarchique nous fait reconnaître dans la société civile, l'ouvrage de la nature, et nous prouve que l'homme, accoutumé à la subordination par l'état de famille où il avait vécu, s'est trouvé porté de lui-même à se soumettre à l'autorité.

PAOLO VERGANI *traité de la peine de mort*. II. 15.

(11) Ces deux mots étaient synonymes du temps d'HOMÈRE.

(12) A considérer cet objet sous un point de vue général, il n'y a jamais eu de rétroactivité dans les révolutions. Par exemple, l'ère des Grecs, que l'on nomme *ère philosophique*, commenc eune époque organique qui s'arrête au premier siècle, instant auquel le *christianisme* s'attache à donner le signal de la critique.

(13) La foi des grandes choses est la vie de l'ame.

(14) *Voyez la note 12 ci-dessus.*

(15) L'Espérance est le résultat du jugement joint au désir.

L'abbé de CONDILLAC. *La logique 1re partie*, VIII, 73.

FIN DES NOTES.

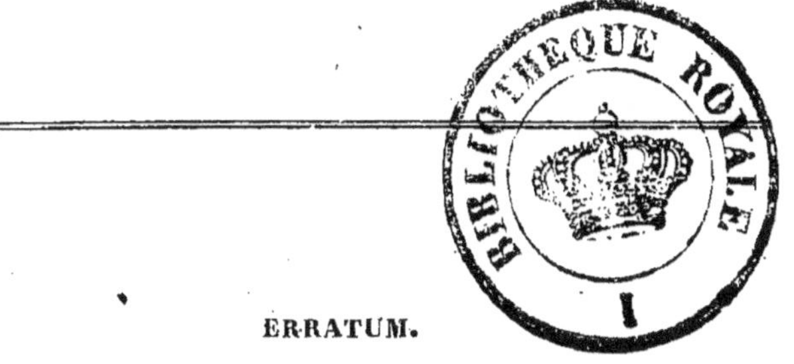

ERRATUM.

§ 38, ligne 5, au lieu de : *les moindres tentatives*, lisez *jusqu'aux moindres tentatives*.

www.ingramcontent.com/pod-product-compliance
Lightning Source LLC
LaVergne TN
LVHW010107230826
846091LV00005B/2120

* 9 7 8 2 0 1 1 7 9 3 6 1 4 *